JN408772

가시 박힌 날

문학공원 시선 134

가시 박힌 날

곽구비 제3시집

2018ⓒ곽구비

켁켁
몰래 먹은 가자미 가시가 몇 시간 거슬리게 하여
어차피 가시 박힌 날이었다

문학공원

작가의 말

쓸수록 어렵고 조심스럽다
수없이 끼적거리다 보면
내가 내 것을 도용하는 낱말도 여러 번 보면서
피식 웃게 된다
흐름이란 말을 새삼 마음에 들이게 되었다
물 흐르듯 자연스러운 쓰기
물 흐르듯 사람들과의 관계
모든 것은 억지로 할 때가 가장
안 좋았던 경험이 있다
더 많이 자연을 찾아 들판과 나무
바람과의 흐름에 자신을 맡긴다
요즘 와서 또 하나의 흐름에 편승한다
카스에서 소통하는 벗님들에게서
대단히 자부심을 얻고 즐겁다
꾸준한 글쓰기에 재미를 더해준
카친님들 댓글을 3집에 함께 실었다

시를 쓰는 과정에서 수시로 질문할 수 있는
김순진 교수님이 가까이 계셔서 늘 감사한 마음이다

2018년 맹하(孟夏)

곽구비 배상

추천의 말

김 순 진(고려대 평생교원 시창작과정 교수)

곽구비 시인이 벌써 세 번째 시집을 낸다.

평소 나의 지론은 시집을 낼 때마다 이전의 시집보다 발전이 있어야 한다는 것이었는데 고맙게도 매번 시집을 낼 때마다 크게 발전하고 있는 모습을 볼 수 있어 매우 고무적이다.

첫 번째 시집이 지나온 삶을 천착하는 시집이었다면, 두 번째 시집은 새로운 세상을 향한 동경으로 가득 찬 시집이었고 세 번째 시집 『가시 박힌 날』은 보다 성숙한 작가로서의 내면세계에 대한 고찰이 주를 이루는 시집이라 할 수 있겠다.

특히 이번 시집은 사유의 폭이 매우 확장되고 깊어지고 있음에 내심 속으로 혀를 내두르는 곳을 요소요소에서 만나게 된다. 불과 몇 년 만에 이렇게 괄목할만한 성장을 보이고 있는 것에 대하여 그 노고를 치하한다.

첫 시집부터 아호를 쓰고 싶은 곽구비 시인께 조금 참으라 했었다. 이제 3집이나 내시니 축하의 뜻으로 며칠 동안 아호를 하나 생각해 보았다.

늘 사유의 바다를 헤쳐 나아가는 곽 시인에게 유경(維卿), 글의 뼈대를 마련하여 널리 이름을 떨치라는 뜻의 아호 하나를 지어드리며 그간의 노고를 치하드린다.

차례

1부 최면 걷기

2부 비 오는 수요일

3부 현기증 나는 날

4부 개개비의 그리움

1부

최면 걷기

내비에서 비켜난 길

비포장 외딴 길은 부주의하지 않아도
발끝에 연신 뽀얀 흙먼지가 일어났고
오늘은 아무도 지나가지 않았는지
노루귀 이슬 묻은 눈으로 인사를 한다
오지의 길에선
처음이라 불리는 시작들이 눈길 잡아끌어 설렘이다
저편 언덕 마을에 소란한 봄이
아지랑이 내몰아 내 발 아래 우뚝 멈춰 멀뚱하다가
이파리 간질이던 바람이 산 아래 산수유를 깨우고
툭툭 건너오는 걸 구경, 할 수도 있다
햇볕은 생강꽃 사이로 마스게임 연습에 한창인
진달래 펄럭거리는 곳으로 온 힘 쏟아 붓겠지
서편으로 기우는 노을 보며
'나의 오늘은 행복했어'라 말했을 때

와르르 별 무리 한 다발 안겨준다

최면 걸기

어둠이 거두어간 내 그림자는
어떤 모양으로 내일을 기다릴까
하여 구부리지 못하고 천정을 향하여 누워본다
내일 햇빛으로 빤히 드러날 것 같아
한시도 불편한 행동하지 말기
의식을 치르듯 조심히 살아내야 떳떳해지더라고 말을 하며
가끔 무속인 같기도
가끔 평범한 일들도 낯설게 바라보면 덜 지루해
시간마다 나 혼자 꾸려야 하는 백수
따로 직업 없는 가정주부란 그렇다
어둠은 밤새 엿들은 것들을 지워버려야
내가 새로워질 텐데
물어본 적 없다, 나를 아느냐고
다음날은 매번 새롭기를 바란다

종소리

잘못한 일 많았을까
너의 소리 들리면
저녁나절 서쪽으로 급히 돌던
노을의 발걸음도 멈칫 하게 돼

맑은 울림엔 괜히 휘청하나 봐
우뚝 가르침처럼 그렇게 생각이 돼
울림은 속에 감춘 것을 드러내고
들키게 하는 건가 봐

그때 하늘을 바라보는 건
꺼내고 싶은 끓는 마음일 테지
너의 울림 웅크린 자에게 기회를
주자고 부여한 면죄부 같았거든

노래봉사 대신 간 곳에서

요양병원 창살에 기웃거린 해가
발길 접어 도망가는 강당에서
희망의 노랫가락으로
가던 해를 돌아보게 만들고 싶었어
박수소리 희미해 두 곡마저 할 의욕 없었어도
당신들이 무슨 죄냐 턱, 목이 메었어
직립보행 원칙 무시하고
휠체어에 의지한 걸음도 탓하지 못하시지
포기한 눈꺼풀 자는지 듣는지
30여 명 주무시는 관중 당최 흥이 안 나지
눈 감고 어릴 적 뛰어놀던 운동장
소꿉놀이 철수 영희 생각이라도 떠오르셨나
히죽이 웃길래
다가서 바라보니 이가 사라져
첨부터 계속 그러고 계셨나 봐
왜 듣지도 못하는 곳까지 와서 노래하느냐 물었지
단장님 어머니가 요양원에 계시다 돌아가셔서
여긴 꼭 오는데
구석에서 올 때마다 우신대
아까부터 눈이 빨갛게 된 할아버지
단장님이신가 보네
있을 때 잘 하자는 뻔한 그 말
아프게 가슴에 꼭꼭 다져넣고 왔어

집시

양귀비 붉은 눈에 어둠의 불빛 흔들릴 때
잠은 순하게 자거라 작은 소리로 말하면서
화단를 지나 엘리베이터 안에서 충혈된
내 눈동자를 본다
너무 돌아다녀 사색이
여가도 없이 몰린 눈에서 너나 순해져라
내 안에 또 다른 아이의 당부를 듣는다
허공 언저리 더듬고 나오는 길에서도 허탈하지 않기
보람 있는 귀갓길이길
어둠을 쓰다듬는 나의 손등이 포근하자
방금 만나고 온 지인에게 메시지를 날린다

잘 도착했소
오늘 참 기뻤소

어바웃 타임

- 더 일찍 했어야 했던 것들

고백 같은 말이 여러 차례 오고갔어도
돌아서면 남 같은 당신에게
내가 더 일찍 말했어야 했는데
진정한 사랑이 이 땅에 존재한다면
그건 우리 것은 결코 아닐 것이라고
진중한 대화를 비켜서고
그날그날만 있고 미래가 없었다고
지루한 연애를 당신과 완성시키기 위해
내가 썼던 세포들이 건조해지기 시작하더라고

모든 것들이 반대편을 향해 걸었고
의미라곤 없어 연애가 쓸쓸해지자
그것이 종국엔 이별로 이끌었다고

그런 날

태풍 몰아쳐도 읍내 다방
이 양의 스쿠터는 오봉을 싣고 달렸다 했지
집안으로 들어오는 따뜻한 해를 돌려세워 꽁무니 붙잡고 나가
칠랠래 팔랠래 돌아 댕겨 보고 싶어 했어
카톡에 번호만 저장된 모르는 머스마에게
뭐 하시냐, 깜짝 놀랄 문자 하나
낚싯밥 꿰듯 스윽 던져놓고
실제로 기다리진 않았어

싱숭생숭할 참에
이팝꽃 봉오리가 환장하게 터져버려서
얼른 대문을 잠갔거든

맑은 눈물 한 방울

태양이 낙조를 서두르게 만든 해남 땅끝마을 바다에선
잉크색 물감 마르지 않아 문장이 종일 매끄러울 것이다
하늘은 바다에게 몸을 맡기고
바다는 더 가까이 최선을 다해 떠받치며
서로를 의지 하는 곳
물결마저 시가 되어 흘러가는 곳
다소 두려웠던 파도가 맨살에 닿자
바닷바람이 흩어지며
둥둥 눈을 홀려버린 완벽한 황홀경
신세계의 아귀에 물린 날이다
바닷물에 담근 발 흔들리더니
영혼까지 파랗게 새로워졌다고
한 토막 낯선 시어를 건져 올리며 눈 감아 감탄할 즈음
기울어진 석양과 출렁이는 바다의 이음새를 가르던
갈매기 날개 위에 평화를 싣고 파닥거리는 풍경은
맑은 눈물 한 방울 저절로 흐르게 한다

개와 늑대의 시간

노을이 진정으로 붉게 마무리할 땐
원색을 내던지고 파도는 삼킬 듯
도망치라는 듯 애매한 분위기였지
침울한 표정으로 턱 괴고 바라본 바다
먼 바다로 나가기 전 배들의 피난처 주변
태풍이 안 오면 그리움만 떠도는 파도
머리를 쓰다듬던 어둠이 허리춤까지
내려오다 멈칫 어슬렁거리는 여운

그 사람 이름은 그날 더 멀리멀리
파도가 삼켜버리고 지워진 줄 알았지
다시 돌아온 파도의 소리엔
저 먼 의식들이 물 위로 아련했어

무언의 가르침

한바탕 축제를 치르고 난 해질녘
바람에 기대 덜컹거리는 민둥산 갈대
휘어진 마디들은 평화로운 소리를 낸다
저마다 갖고 싶은 욕심을 채워 넣으려
고지에 인증 샷을 덤으로 챙기고
환한 웃음으로 돌아갔으면 뿌듯하단다
꾸불꾸불한 언덕길 헝클어진 마음으로
오르다 차분해지고 행복한 일은
마음이 저절로 순해졌던 까닭이다
내 잘난 맛으로 시작된 결혼 생활에서
단 한마디 충고 없이 내가 나를
낮추고 감사하는 법을 알게 해준 일
깨우친다는 건 윽박질러 말해주고
머릿속에 집어넣는 강요가 아님을
마음으로 존경하게 되는 것이다
존경받는 어른들 선배님이 되는 일은
남보다 잘났다는 학벌도 돈도 아닌
올곧고 정의로운 모습일 것 같다

베란다에 뜨는 해

지난밤 비워낸 여백의 문 열고
발기된 아침이 당도하자
이슬은 허둥거리며 달아날 채비를 한다
불끈 솟은 힘자랑에
새들은 놀라 날아오르고
안개가 슬그머니 꼬리를 감춘다
붉은 기운 아주 높이 오르며
베란다를 통째로 점령한 시각
똑바로 그의 눈을 응시해본다

분주하게 사는 일이 먼저라며
언제 숨고르기 한 번 제대로 한 적 있었던가
비로소 그에게 마음 내준 아침이다

메추라기의 외출

물 위로 슬그머니 떠 있는 봄
이미 큰 돌 위에 올라앉은 메추라기
날개 사이로 아직 찬바람 솔솔 맞으며
지난 그 시간을 기다린 듯하다
겨울은 사랑을 잠시 숨겨두었을 뿐
봄이 오면 여지없이 그리워졌을까
아직은 쌀쌀한
절기로만 봄인데 봄을
머리에 이고
행여나 기다림이 애잔하다

분천역는 산타가 산다

운전대 잡은 친구 옆자리에 타고
봄을 바라보는 건 행복한 일이다
낮잠이 없는 내가 스르르 눈 감겨
조금 미안한 생각을 했지만
봄의 홀림을 바라보다
도착한 분천역에는
사계절 산타가 살고 있었다
평소 한산하여 햇빛이 바람과
가위 바위보 놀이를 하는 곳
반짝반짝 투명한 봄볕에
사랑이 흐르는 간이역
기차가 올 때마다 그리움을 한 뼘씩 늘려가며
추억을 키워가는 곳
가본 사람 몇 안 된다던 분천역
기차에 이색적인 퍼포먼스를 하더니
주말이면 여행지가 되었다
요샌 급하게 추억을 만드는 사람들이 많다
아침에 차표를 끊고 기차를 타면
밤이 되어서야 고향집 마당에 들어섰던 그때가
기차 여행으론 전부였다

지금 난 벚꽃이 휘날리는 철로 위에서
차표를 손에 들지 않은 채로 추억을 찍고 있다

느림의 미학을 환기시켜놓은
분천역에서 봄이 화사한 주말이다

흐름 · 1

회색으로 스카프를 맨 것 같은
단양의 하늘을 머리에 이고 산길을 걸어봤어
큰꿩의비름과 작고 붉은 먼나무 열매가
어디든 데코로 장식된 산길에서
바람에게 마음을 맡겨두고
가을에 일어난 많은 이야기가 재잘거렸었어
사람들에게 내가 한 얘기보다 더 속 깊은 얘기를
할미꽃이 고개 숙이며 들어주었지
고맙드라구
살아보니 행복하더라
그런 말 요새 자주 했지
바보처럼 행복을 거창하게
생각했단 말이지

흐름 · 2

꽃들이 지분거리는 향기들
거리를 교란시켜 혼미해질까
비를 내려준 아침
싹 틔워내던 나무들
잠시 소임을 놓고 휴식한다
바람에 몸을 맡기고 가지 흔들어
비를 안고 젖은 잎으로
그리움을 대신 쓰는 나무
입술 오므린 풀잎의 떨림은
사랑하는 연인과의 의식을 치르듯
빗속에서 처연하게 아름답다

흐름 · 3

숲길은
새들과 같은 자유를 추구하며 아무 사심 없이 행복한 생각으로 걸어야 했어
앞서간 사람들이 다져놓고 간 길 따라가면
어긋나지 않는 약속처럼 만나지던 다른 길
둘만 알던 길로도 사람들이 지나갔어
바싹 마른 굵은 갈대 군락지 앞에서 바람이 불자
미래가 없던 사랑을 쫓느라 정신없던 여자가 아직 거기 있었어
안개 걷히고 봄볕 무수하게 쏟아지는데
누가 부른 줄 알았어
여자의 머리칼이 팔락거렸거든
길 위의 발자국처럼
사랑하는 일도 누군가 제대로 된 방법 좀 알려주면 편했을 텐데
서른 번의 봄으로도 지워지지 않고
영사기에 담긴 필름이 되어 계절마다 돌아가니까 불편했지
숭고하게 피운 꽃들도 봄 지나면
사라진 이유처럼 식어버린 열정에 대하여 아무도 탓하지 않을 테지만
여자의 봄은 지금까지도 그를 추억할 메타포가 되었던 거지

아무도 관심 없어서 폐기처분 한 필름이
유일하게 그 여자의 머리에서 봄마다 상영을 하는 거야
말없음표, 완성되지 않는 흑백의 시간을 여자는 추억이
라 하나봐

눈으로 들어간 햇빛을 꺼낸다고
핑계를 대며 우걱우걱 하다가 울었어
명치끝으로 몰린 그리움이 여자를 몰아세웠거든

그렇게도 사는 거지

해그림자 뒷모습 좇다 돌아온 밤
어디 갔다 온 거냐 물어봐 줄 리 없고
차라리 다행이야 어휴 들킬 뻔했네
가슴에 꽃향기 가득 들여놓고
잠깐의 행복하나 만들어
헬레레한 하루 보내다 왔거든
그리운 너를 대신한 봄에게
손 내밀고도 기쁜 일이었기에
떨리던 그 날 떠올려 흐뭇했어
은밀하게 봄과 결탁하고 헤벌쭘 펼쳐
해제시킨 마음도 필요하지
그렇게 꽁꽁 감추며 살 일 아니야
휘날리는 꽃잎에 마음으로 보낸 연서가
너에게 닿지 않아도 나 행복하겠어

너도 분명 내 생각할 테지
착각도 좋아

나잇값에 대하여

진달래 꽃잎 막 벙글려던 낮은 금병산 둘레길에선
그녀들보다 더 낮은 자세로 걷기 작정하며 구부린다
간간히 두릅나무 잎새 여물기를 소망하던 대원님들 보
다가
먼저 웃어주는 진달래에게 눈길을 주기로 해본다
나무가 햇빛을 보듬고
자주 들려 달라 애원이라도 하면
가을이 되기 전 잣나무가 익어버릴 수도 있겠지
그러면 겨울이 길어질지도 몰라
더 원하면 탈이 생길 거라는
이 세상 사는 법도를 알아버렸어
나는 이제 반평생 살아본 대단한 경험을 가진 사람이거든
모든 순리에 적응할 자세를 알아냈어
나잇값 참 무섭더라구

전생에 난

나는 전생에 하녀였을까
주인마님 거슬리지 않으려 맨날맨날 긴장하며
어딘가를 치우고 닦아내는 이놈의 결벽증
아, 그것도 아니야
난 전생에 학자였을 거야
책만 보면 가슴이 뛰었어
초등학교 도서관에서 처음 많은 책을 보던 날
우와우와 하면서 입을 다물 수 없었어
교보문고에 처음 간 스물네 살이나 된 그날도
숨이 턱 막혀 얼마나 가슴이 뛰었게

창경궁에 가던 날처럼
덕수궁에 가던 날도 그랬고
오늘 카친 데레사님 후원 가는 길 사진을 보고
나는 전생에 궁에서 살았을 것 같았어
나는 편전에서 신하와 정사(政事)를 나누던 임금에게
조언 첨삭시노를 하는 책사가 분명해
숙종과 장희빈의 밀애가 있던
애련정에 숨어서 질투하던 후궁이었을까
연산이 장녹수와 질펀하게 놀던
승재정 하늘 위에서 분노하던 먹구름이었을 가능성도 있어
젊은 양재 과거제 육성하던 영화당의 시험 출제자였을까

후원 가는 길에 상상력이
사월 마지막 날을 기분 좋은 마무리를 하게 하네
사진은 간혹 사람을 묘한 상상으로 나래를 펴게 하네
글을 쓰고 사진을 찍고 그림을 그리고
공예를 만들고 여행을 하고 공부를 하는
내 카스에 카친 여러분에게
우리의 인연이 오월로 건너가더라도
내가 더 신중하고 좋은 생각으로 대하겠다고
다짐하는 사월 마지막 날이네

그런데 말여
전생에 나는 진짜로는 하녀였을 것 같어

김유정 님을 베끼다

깡마른 몸짓은 잔기침이 어울려
그가 통통했으면 이야기도 안 맞아
콜록거림도 시였을 거라며
뒤늦게 사모의 정이 싹터 온다
천식으로 실레길 따라 산책하던 날
마주친 여인과 나누었다는 그 사랑
과감한 열정도 존경스럽지만
질투까지 불사한 미묘한 일렁임
깔끔하게 정리된 그분의 방 앞에
마음을 묻혀 가야지 하면서
오래 들여다보는 내게
툭 치며 눈치 없이 재촉하는 사람들
마당에 빗물이 소리 내며
고요한 정적 깨우치자 비 오는 날
이 토방에 앉았던 연정

장문으로 하루를 베껴본다

버려진 고깃배

한때 목선 수없이 드나들던 그곳
갈라진 바닥으로 해가 드나들고
헤엄치던 은어 때 산으로 돌아갔을까
강물이 바닥을 보여준다
고기잡이 만선으로 돌아올 시간
볼이 발그레 반기던 순이도 떠났고
둥근 화약이 띠를 두른 것 같은 밑바닥
눌러 붙은 슬픔이 그림자놀이 하면
유난히 붉은 노을은
두 눈을 가리고 섰다

연출도 나 주연도 나

이젠 무거운 가방이 싫어졌어
헐렁한 면가방 너털거리며
그 대신 양 손엔 풀포기 뱅그르 돌리며 다니고 싶더라
어두운 나의 색을 묻고
꽃으로 드러날 천연색 밝은 자연을 물들이고
소박한 시 한 상 차려먹고 살면 돼
늘 올바로 서 있기 위한 수단이라며
흔들거리는 일상
잠깐씩 짝다리 걸고 건들거리고 다니다 오는 중이야
나 날라리는 아니야 인사이더(insider)지
산속 외딴집 돌담에 핀 능소화에 처량함 대신
얄궂은 시어를 입혀주고
월담한 장미에겐 거만한 낱말로 쏘아붙여주면서
난 오르가슴을 느껴
지나간 날은 이제 다 놓아주고
요즘은 평화스러운 중년의 날을 보내지
처녀적 사진보다 멋져진 자태
이거 젊은 애는 못하는 연륜이거든
각자에 맞는 연출로 만들어 살면 돼
나도 부러운 게 너무 많아
내 삶에 만족하려고 안 부러워할 뿐이지
찬란하게 소소한 자연을 바라봐
저 들판에 말없이 피고 지는 꽃들

내가 비로소 숙연해진 이유를 찾았어

남부럽단 말로 시간낭비 하지마
내 삶은 내가 연출하고 내가 주인공이야
난 멋지게 살 거야

사투리로 오는 봄

아따 첨부터 입춘 녀석이 얼음을
깨뜨린 것이 잘못이여
강물이 쫄쫄 흐르고
천지가 빠지직 요란스렁께
이것들이 막 나와불드라등만
뻘갛게 칠을 몸에 두르고
매화년이 앞장을 서더라든디 봤는가
그거시 아는 사람은 다 알았부렀제
깨구리늠이 나오까 마까
차마 눈뜨고도 일어나지 못했다잖혀
납작 엎드려 죽은때끼 하고 있었드니
목련이 년이 스윽 허연 분 처바르고
새침하게 나오드라등만 오따오따
이것들이 한통속 아니여

아따 아까 오다본께 작년 가슬에 달아난
제비들이 슬슬 기어들어오등만
오메오메 이것들이 봄마다 와서 뭔
짓거리를 해싼지 알어봐야제
시방 며칫날이여 쬐끔 있으면 온 산에
미친년 널뛰듯 불지른것들 나오것어
그것들이 젤 요망하다던디

나 보기가 역겨우면 밟고라도 가라고
애간장을 녹인다잖어
자네 이래도 봄이 좋은가
나는 저것들이 설쳐싸서 징하게
안 좋단말이여

그래도 으짜 것는가 사는 것이
이렇케 저렇케 돌아가야 한담시로

이것이 전라도 시여

치유

성난 태양이 무차별로 공격하자
푸른빛으로 맞서는 궁남지 연밭에
마음속 일고 있는 것들을 외면하고
인파에 묻혀 끓기로 한다
차가운 기운 붙들던 시린 날 잊고
맑은 미소를 뿜어 반기는 성정은
나의 시간들과 마주 보게 한다
아픔이 올 때마다 푹 꺾이고 마는
부족한 내 소양을 확대한 것까지
연꽃의 지혜 앞에 멋쩍었다
가슴 내밀어 손을 쫘악 펴면
연꽃 사이를 돌던 바람이 다가왔고
질기게 따라나선 사람의 말을 잊자며
발밑의 움찔거림으로
고개 젓는 연잎의 간지러움
아, 이따금 이따금씩
그러는 거였구나

2부

비 오는 수요일

즐거운 수다

시간의 가지에 숨겨진 행복을 털던 날
허락한 것들이 덤처럼 생겨났어
몇 번의 만남으로 다 알려고 하지 않아도
숨은 얘기들 성급히 꺼내들지 않아도 부족함은 없었지
인연에 고리를 잇대어 엮은 뒤
허공의 깊이를 채색하여 담아넣었어
맑은 눈망울이 된 화가의 순수함은
내가 모르는 자연을 살피는 중이었고
햇살이 나뭇가지 틈으로 물결치듯 내려앉던 식탁에선
건강해진 정신으로 순환작용 시켜 놓았지
꽃 같은 언어가 여러 번 피어나
지나가던 바람이 풀 향기 몰고 와 장단까지 맞추기 시작했거든

우리얘기 살짝 엿듣던 사장님께
어차피 여자만 둘이라 심심하고
식탁이 너무 넓은 이유라며 앉아서 자리 좀 채우시라 너스레를 했더니
의외로 멋진 분이여 더욱 조화로웠지

쉿 궁금해 할 것도 없어
그냥 사는 얘기 저금 해드렸더니 재밌으시대

별일 없었어
안채에서 지긋이 바라본 사모님의 여유로운 품
나는 그런 공존이 바람직하고 좋았어

숯불에 구워진 고기의 향을 지워내도
풀숲에서 벼르던 나무라는 개 한 마리
주위를 맴돌며 꼬리치는 것에 비싼
등심 몇 조각 내주는 마음 씀씀이
그것도 시 짓는 마음이지

나만 낮술 한 잔을 보탰어
바로 옆에서 분수가 춤추는데
한 잔쯤 했어야 당연했거든

저녁노을이 붉어진 것도 모를 뻔했어
풀잎들은 우리의 수다로 지쳐
오늘 잠꼬대 할지도 모르겠네

한 시인님이 친정엄마처럼 담아준 밑반찬 무겁다는데
거 봐
오자마자 어깨 늘어뜨리고 누웠어
이건 반찬 잘 먹을께의 대체 앙탈이여

우리영감 한동안 집밥 먹겠다며
본인이 냉장고에 넣다 집어 먹더니
간장을 끓여서 담그면 장아찌가
이렇게 맛있는데…, 하대

해보란 얘긴가 보네
예의상 어깨를 두어 번 만지더니
잘 자 하고 가더라고
그때가 8시여
오늘 수다는 이걸로 마감해

그리고 싶은 것들

피었다 사라지는 것들이 두려워
내 곁에서 오래 머물도록
붓으로 색칠하고 생명을 불어 넣었어
나비도 벌도 속아 넘어갈 생각에
픗 웃다 보니 어머 만족스러워
그 사람 마음도 이렇게 그릴까
영원히 나만 사랑한다던 마음은
어떤 색으로 칠할까
붉게 붉게 덧칠하다 얼룩만 남았네

여름의 꿍꿍이속

그의 의도가 궁금해
어디까지 몰아 붙여야 적성이 풀릴까
그새 수양버들 머리채가 개울가에
거꾸로 매달린 걸 보면서
하늘에 대고 바람아 불어라
주술사처럼 중얼거린 사람들
발을 끌며 그늘을 염탐하며
그에게 맞서다 땀만 흘리고 만다
한 뼘이나 해를 늘려 수면까지 방해하고
일찍부터 베란다에 걸터앉아 쨍쨍한 기세로
옷을 더 벗어보라 요구하지만
벗는 게 옳은 일인지 갈등하다
긴 소매를 고집한다

나의 하얀색 피부는 올 여름에도 지켜내야지
마른 중년이 피부까지 검으면 빈티나

가버린 날의 재현

강가에 기다림을 연출한 여인
늘어난 주름으로
그리움의 표정연기가 깊어졌다
강물처럼 흐르는 시간의 의미를 알려주었던
그의 입술을 더듬어 다시 온 여름
흐르다 사라져버린 이야기들을
저 강물의 가슴에 물어보아야 할까
강 건너 멀어진 산등성이 타고 건너던
구름을 쫓아가 물어볼까
더듬이 작동해 그날을 재현하던 포즈들
햇빛에 간혹 권태로움이 있었지만
뚜렷하게 사랑한 그 순간이 영원할 줄 알았다

여러 번 반복적으로 움직였을 때
어둠의 지느러미가
강물에 얼비친 노을의 꼬리를 부지런히 추격하는 시간
이 오고
금계국 꺾어든 손 시든 가슴으로
허무를 꼬옥 안고 돌아간다

가시 박힌 날

사다 놓은 지 일주일 된 가자미
어차피 죽어 뒤집을 리 없는데
괜히 거슬린다 싶어
그날 밤 가자미 울음소리 같아 잠을 깼다
모질게 얼려버린 마음 봄되어 풀린 마당에
가자미에게도 너그럽자고 새벽에 튀겨주었다
프라이팬 달궈질수록 미안했어도
포기란 애초에 뱃전에서 했겠지
너는 운명을 받아 들이거라
무심한 마음으로 뒤집으면 되겠지
새벽 4시
온 집안 문을 열어 비릿함을 환기시키며
홀린 듯 먹어치운다
아직 어두워 내가 뭔 짓을 하는지
눈치 못 챈 하루가 순진하게 시작되겠지

켁켁
몰래 먹은 가자미 가시가 몇 시간 거슬리게 하여
어차피 가시 박힌 날이었다

스마트폰과 나

네 몸에 탑재된 것에 끌려
눈뜨면 더듬더듬 너부터 찾아
마른 입술에 안부를 쏘아대지
너에게서 눈을 떼지 못해
검지 손 지문이 사라진 다음
찌릿찌릿해 이제 어째야 하지
안도의 숨소리도 너에게서 오고
행복의 숨소리도 너의 통로에서
내게로 연결되어 차단하면 안 되는데
이제는 남이 될 수 없겠어

네 안에 벌써 나의 것들이 다 있어
또 다시 홀로될까 고립이 두려운 거지

칠월이 떠났다

고삐를 말아 쥔 내 손에 힘이 풀려
망나니처럼 뛰어다닐 더위에게
눈치 없이 굴지 말아야지
평온한 밤을 휘젓는 모기와 열린 문으로
선명한 위 아래층 소음 고스란히
참아야 할 본격적인 신경전이다
휘어진 꽃잎의 가슴에 수분을 살펴주고
통통하게 차오른 블루베리 열매를 물고
달빛이 쳐놓은 그물에서 샤워를 하자
원두막 옆 잘 익은 참외 수박이 뒤척이면
벼 익어가는 논두렁에 참새 떼 쫓던 방학숙제
허수아비도 소용없게 지능적인 그 참새

칠월이 떠난 날 칠월의 풍경을 쓴다

고향 앞에 서면

마음들이 견고해지게 살았어도
실금처럼 허물어지기 시작한 추억의 저장고가
느슨하게 풀리면
허공에 가장 가벼운 기억이 날아 방긋거리다
무거운 것들까지 송두리째 일어나려고 파닥거린다
칭칭 동여매고 숨겨 두었다가
자주 우려내 써먹던 이야기소재
그 현장을 찾은 야릇함
어머니 닮은 어머니의 말들이 밉다고 썼지만
그렇게 행동하여 그런지 연민으로 바뀌고 있다
아버지를 닮아 아버지 뜻처럼 말하는 올곧은 정신이
스스로 사회생활과 부딪힌다는 것을 알고
구부리고 싶어 하는 또 다른 마음
부수고 싶던 것들과 안기고 싶은 이들이
끄덕여주며 받아주는 곳
흔들림에 완전체가 평화로운 곳
미워하며 그리워하며 든든한 백으로 활용하는
그곳은 영원히 투정할 곳이기도 하다

비 오는 수요일

구름에 업혀 내려온 빗방울들
두물머리에 원을 그릴 때
막 피우려던 오월의 장미
화려한 본분 잊고 고개 숙이게 했고

용문산 위로 피어오른 안개가
하루분의 그리움 불러 세우자
더 거칠게 몰아붙인 빗줄기가
우정의 봉우리 세우게 했다

여름 시

더위가 앗아가 버린 시어를 찾아
바다로 나선다

사각사각 모래 벌에 숨은 시어를 캐내어
차곡차곡 담았다

소라와 파도가 주고받던 알쏭달쏭한 이야기에
귀 열어두었고

바다로 간 가슴이 벅차
처얼썩처얼썩 파도소리 따라 했다

물음표 같은 얼굴을 한 벗에게 카톡으로
전송을 해본다

'바다에 갔어 아주 좋다'
엄지 척 하나 없은 답이 온다

태풍의 눈

솟구치는 회오리를 본다
그의 가슴에 뿔을 달고 나타난 것일까
쉽게 수그러들지도 않고
잠을 자려고 하지도 않아
더욱 두렵다
과녁이 따로 없기에 사정도 봐주지 않고
약자의 살림부터 무너뜨리고 나서도 개의치 않는 태도
전속력으로 가고 있다
험상궂은 녀석을 만나면 맞장이라도 뜨고 싶었지만
며칠 뒤 잠잠하게 하늘 모퉁이로 돌아갔거나
바다 깊숙이 숨어든 모양이다

손발 잘려나간 나뭇가지
피지도 못하고 몸통이 꺾여버린 꽃의 슬픈 모가지
바람을 잡아 들여 단죄를 해야겠지만
속수무책 그것이다

휑하게 휩쓸어 간 곳마다
고독이 피어나는 형체를 보게 된다
곳곳에 알 수 없는 슬픔이 깃든다

고독이 넘은 담

머리카락 하나 보이지 않도록 숨어들어
고요하고 싶은 마음일 때
숲속 외딴 집이면 무섭긴 해도 편할 텐데
늘 그런 생각을 했다
옥상에 빨래 펄럭거리면
안에 사람 있냐는 질문을 받을까 불편했고
없는 듯이 숨고 싶었다는 여인의 심정을 들으며
내 지난 시간을 떠올렸다
담쟁이가 타고 오르는 담을 보면 평온해지고
마음이 놓이기도 하여
담벼락 사이 돌 틈으로 빼꼼이 밖을 동경하면서도
나가지 않던 여자다
방안에 온통 고독으로 무장하고
서툰 사회생활의 은둔자처럼 전기를 켜는 것도 싫어
달빛을 기다리다 일찍 잠들기를 즐겼다

웅크린 그 시간의 담쟁이에게
이제는 추억처럼 파릇하게 치장한 시를 새겨 희망을 노래하면서
진짜 자존심이 무엇인지 이제 알았을까
그 어리석은 여인은 요새 행복해한다

그곳에 가면

봄바람 끝에 여름 살짝 베어 문
햇살 알갱이들 살살 교대를 시작하고

진달래 붉은 울음 뚝 그쳐 시들면
청보리의 노랫가락 야무지다

때맞춰 꿈틀대는 땅속 풀벌레 울음 주워듣고
오디 열매 통통 차오르고

오랜 시간 늙지도 않는 별무리들
내 눈 속으로 와 빛을 꺼내든다

첫날의 흐름

유월 아침
바람의 페달을 밟고 구름의 복판으로 달려 봐야지
안정적인 자세로 덜컹거리지 않아
유쾌하게 가면 별 일 없을 거야
넘어지면 풀꽃과 얘기하고
샘물로 목을 축일 때마다
호박 잎새 도랑으로 살짝 뿌려주던
시골집 생각도 하겠지
토끼풀 반지 만들어 추억놀이나 할까
두꺼워진 손가락 몇 번 감지 못해
툭 부러지더라도 괜찮아
햇볕이 따스하잖아
지난달 봄바람이 켜둔 심지 사이로
청보리 잎새 쫑긋하며 키를 높이겠네
관절에서 새어 나온 높은 음계
여름을 향하여 열매 매달리겠지
사그라든 장미 입술을 지나
오월은 떠났고 양귀비 살랑대려나
메뚜기떼 요동치는 흔적 뚜렷이 비추는
정오의 태양에게 한마디 하게 되겠지

어이 더워진다 야

올레길 7코스에서

어제 변덕을 부린 하늘이 내어준 가슴
일요일은 평화스럽다
쉬임 없이 조잘대게 만든
제주 올레길에 흐르는 모든 조합의 청량함
간혹 두렵기도 했던 삶
이제는 행복하란 예언처럼 받아들인다
대원들의 사기를 위해 나의 유머는
지치기를 허락하지 않아야 했고
우수리처럼 꽃들을 만나고
요깃거리로 길가에 해녀들이 건네는 해삼 멍게
막걸리를 종종 충전시킨다
해변에서 급하게 뛰어나온 햇살
어른들이 지칠까 빠르게 종료하고
해수탕으로 최고의 가치를 선물한다며 보내드린다

맛집에서 전쟁을 치루 듯 마무리하고 춘천에 도착하니
12시 땡땡
신데렐라 서둘러 호박마차 주문이 풀릴 시간이다

변덕쟁이 한라산

침묵하고 기다려 준
그의 등줄기에 첫 발을 옮겨놓자
강한 햇빛 무거워 잎 늘어뜨린 철쭉 옆
비 철철 내려와
피뿌리풀 자매 나란히 누웠다

여름 머금은 한라산 한 폭을 사진으로 떼어내 아는 이들에게 전송하며
찬란한 날 모두가 행복하시라 했다

한 여름으로 가기 위한 고지처럼
걷기를 더 많이 하던 이력으로
남은 나의 나날에게 보란 듯이 걸었고
오르기 위해 끊임없이 미끄러지던 발
몸을 놓고 생각은 버렸더니

바람이 정상에서 기다렸다가
손을 잡아준다

새벽의 소양호

안개 차오른 당신을 보러 왔습니다
머릿속 복잡하게 얽힌 나만의 아침
강가에 당신을 보러 왔습니다
어둠이 씻어둔 강물에 내 영혼의 얼룩
훤히 보이도록 한참 동안 바라봅니다
수심 깊은 당신의 가슴을 들여다보면
물빛 어루만지던 눈 내 가슴도 쓸어
사람 사이에 수정할 부분을 일러줍니다
차오른 태양이 주변을 다 드러내자
서둘러 당신 품을 빠져나가며
다시 새로고침 단추를 누릅니다

안동 여행

꼭 흥얼거려야만 할 것 같은 '안동역에서' 유행가를
다 같이 합창하며 도착했을 때
여백 많을 것 같던 도시에 문명이 침입을 했나
새롭게 태어나 단장한 곳 많아 언짢았어
근엄한 팔각 기와집 솟을대문에서
양반네 헛기침 소리 들려오길 기대했나
도산서원처럼 강직한 낙동강은
도도하게 흐르고 있기를 바랬었지
천태만상의 세상은
틈만 나면 변화를 꾀하여
기어이 신문명을 이룩하고 말거든
흥이 끊겨 일단 안동 소주 따라보고
안동 찜닭 안주로 삼켜보았지

제사 없는 날에도 밥상에 생선이 오를 것 같은
안동에서 헛제삿밥의 비릿한 간고등어내음은 묻혀갔겠지

청량산 가는 길

사찰이 있는 산
정상을 향한 인간의 오만을 잠시 땅에 두고
입구에 걸터앉아 본다
도심에서 얽힌 복잡한 마음
저 청량사 입구에 닿으면 풀릴 것 같았을까
생각 많아도 안 되는데
가을을 연출하느라 바쁜 나무들
투명한 바람을 만들어 내게 털어준다
몸체 스스로 물든 단풍나무들
모델처럼 큰 키를 뽐내며 섰는데
옆에서 살살 기죽어도 폼 잡는다
풍광을 자랑하는 산세를 만나고
초연하게 살려고 등산 바람이 그렇게 불고도
각박해진 건 왜일까
단풍보다 질세라 명품 등산복으로
오만함을 드러낸 풍토를
산이 충고를 하지 않았다 핑계를 댔겠지

숨이 턱에 차오른 순간
짚어본 생각이다

열 시간의 야간열차

구름이 허공에서 발차기 신호를 하자
우루무치에서 돈황으로 가는 기적소리를 먼저 보냈지
흔들릴 때 만 과거를 돌이켜 바라보는 습관 때문일까
내 삶의 덜커덩거리던 날들과 사막 한가운데서 마주했어
똑바로 서 있으면 좋은 자세라고 가르치던 스승도
때론 혼탁해진 세상에서 여러 번 나를 흔들던
그런 날이 떠오르기에 삭혀냈어
나를 염려하여 끝까지 쫓아 온 바람은
흙먼지로 밤에 문장을 새겨 넣느라 분주했지만
별빛은 고요히 빛났어
바람이 기차를 마지막으로 크게 한번 밀어내자
울컥한 심사를 고비사막에 토해냈어

우루무치를 떠나 유원행으로 가며 침대칸에 묶여 있던
열 시간이 스르르 풀리며 동이 터오는 곳으로
갑자기 감사의 기도를 드렸어
체온은 정상인지 스스로 진단하고 채비를 서두르면서
나는 사막을 보고 또 울컥했지
올봄에도 갱년기가 심했거든

와인에 취한 사랑

다 채우면 너무 격이 없어
서두르면 실수를 하니까
천천히 여유 있게 음미하지
향기의 유혹에 이미 넘어가네
시간으로 그윽해지면
환상적인 밤이 되겠지
오감으로 차오르는 눈빛
버건디색 머금은 홍조
우아하게 휘청거리네
어둠까지 뜨거워
창문을 열어 바람을 조금 들여야겠어
오늘 밤 그대 품에 기어이 안기네

아! 이런

명사산 에피소드

꿈에 사막에서 길을 잃어본 적 있어
꿈이 아니었어
중국 초원지대를 간다며
요새 누가 먼지 나는 사막만 종일 가느냐는 설득에
여행을 했어
고운 모래가 층층 한 세월로 주춧돌처럼 다져진 곳에서
낙타를 탈 때도 나는 몹시 화를 냈어
겁이 엄청 많은데 낙타 녀석은 장난이 심해
뾰족하게 꼭대기 층까지 바람은
디자인에도 욕심을 냈지만
줄로 묶인 낙타 한 놈만 헛디뎌도
넷이 한꺼번에 굴러 죽을 판이야
어디선가 관현악연주가 잔잔한 모래와 화음을 이뤄내더니
잠시 두 눈을 감게 했지
친구가 나를 위해 음악을 깔았나 봐

정상을 질주하면 발목을 주저앉히고 사뿐 비우고
날아갈 듯 오르면 허락한 사막의 모래언덕을 즐겨보라며
모든 위치의 질서에 그냥 마음 비워야지
겁먹어도 안 된다며
나폴레옹 영웅처럼 늠름한 자세 흉내로
한 시간이나 모래언덕을 점령해봤지

체험은 인간을 원래의 모습으로 돌려놓는가 봐
그래서 순한 양이 되어 돌아왔을까

그건 아녀
아직 욱하는 성질머린 여전하지

당신의 관여

봄바람에 당신의 달큰한 미소 하나
목으로 훅 들이마신 듯한 날
아침에 바라본 베란다 너머에
당신이 살고 있다는 생각 쭉 있었나 봐요
숨을 더 크게 쉬도록 기지개 확 켜면서
온다는 약속이나
만나야지 기대나 그런 거 없이도
오늘까진 행복하게 지내고 있었어요
그대의 숨결을 오래전에 채집하고
마음에 심어 두길 잘한 일인 것 같습니다
아직 많이 남아있는 그 여운으로
허공에 아주 가뿐한 봄을 바라보면
거기 당신 모습이 여전히 보이지만 행복합니다

저 산 너머에서 아지랑이를 대신 보내고
지켜보는 일들을 당신이 하고 있구나
생각하면 슬픈 일은 생기지 않아요
창문에 갑자기 비를 뿌려 놓으면
비의 냄새에 당신 검정 우산 생각이 일어섰고
커피숍 담벼락에 당신 이마가 언뜻
보이다 만 일들로 다시
심장이 고장 난 것 같아 부지런히
달리기를 해야 할 것 같습니다

그렇게 늘 염려스러운지
나의 하루를 관여하는 당신이 있어
아직 행복한 나입니다

간월암

아무나 들이지 말라는 뜻으로
물이 빠졌다 들어올 시기를 정한 것일 테지
달과 태양의 관여로 두 번의 길을 열어 놓은 것도
무학대사 님 뜻이라 하고 싶었고
뭐 눈에 뭐만 보인다는 말씀 일갈하신
무학대사님 그곳에 아직 숨 쉬는 것 같아
감히 건너갈 생각 못할 지도 모른다

강건한 천년의 뜻이 꼿꼿하게 일어나는 기분
심장으로 관통한 역사의 한 페이지처럼 팔딱거린 곳
바람이 제법 참견을 많이 한 봄
뒤척이는 간월도 바닷물은 역사의 한 귀퉁이를 차지한
배포처럼 꿀렁거리고 있었다

동행

진달래의 오므린 가슴은
냇물 소리가 열어
아침 해를 들이니 붉어졌고

개울은
마주해서 좋았냐 묻지 못해
머뭇거린 틈으로 해 저문 봄날

서로는
지분거리지 않아도 내 거구나
사랑은 마음으로 흐른다

사랑의 온도

휘감은 바람은 봄을 만나
본격적으로 온몸의 온도를 상승시켰어
사랑에 정해진 온도는 몇 도였을까
사랑에 일정한 기간은 뜨거움이고
사랑하다 남이 되면 차가운 온도겠지
열탕과 냉탕을 번갈아 오고 간 기억으로
기뻤다 슬펐다 미워졌다
그리워진 온도
미치고 싶다는 간절함이 꽃으로
피어오른 봄이면 열탕에 몸 담그던 생각이 났어
그리움 같은 걱정은
꽃놀이로 대신할 수 있기에
꽃이 만개하여 축제 기간이 되면 행복해했어
꽃이지는 이야기 서둘러 하지 말아야지
늘 이별을 예견하고 가정하다
끝내 이별을 했었잖아
벚꽃이 니보다 예쁘다 말하면
발랄하게 인정해야 했어
몇 사람에게 했냐 그건 아니었지

다시 시작할 수 없는 우리 이야기
봄마다 너를 생각하게 한다는 건
죽은 가지에서 꽃이 피어났기 때문이야

3부

현기증 나는 날

외박

용문산 머리에서 심상찮은 기색이 돌더니
양평에 도착하자
하얗게 폭력을 휘두르기 시작하는 빗소리
두물머리에 피어오른 운무는
온종일 위태롭게 깔리고
마당에서 치르려던 파티를 접게 한다

압축 없이 길게 풀어쓴 대화로
사랑이란 마르지 않은 주제를 놓자
활활 타올라 천둥번개까지 한 몫 한다

주객전도

소외된 이들이 버려진 터에서
해님의 보살핌으로 활짝 핀 소문에
슬그머니 반반한 얼굴 들이민 장미
그의 무리들이 들어오기 시작했지
다시 어딘가로 내 몰릴까
파리하게 작은 개망초 초조한 낯빛
당당히 입성한 장미의 가시 끝에
오만함이 묻어났다는데 오해일까
함께 하자고 손 내밀었는데
설마 하는 열등의식을 가졌을까
확인하지 않았다면 넘겨짚거나
내가 생각하던 것으로 단정 짓지 말자

부부

바람이 창문을 흔드는 새벽
내 곁에 아직 곤하게 잠든 당신의
선한 얼굴과 마주하는 행복한 삶으로 살고 있습니다
꿈꾸다 놀라 벌떡 일어나
당신 팔과 맞닿아
휴우, 안심하고 잠들 수 있는 그런 행복이면
처음 사랑한 마음 지키는 중입니다

언어유희

야할 수도 음흉할 수도 있구요
수준이야 읽는 사람 마음이지요
어떤 말을 해주실 건데요
저는 다 좋아요 호호호
각기 다른 풍경마다 색색으로 옷 입히고
곱게 물들이고 작품으로 만듭니다
맛깔 나는 낱말을 추려서 흐름으로
엮으려다 한 소리 듣나요
갇힌 언어로 착한 언어로만 어려워요
정해진 각본은 지루하구요
일부러 입힌 옷은 어색하구요
자연스럽게 표현하고 살랍니다
봉투에 담을 때보다 봉다리 음식이
먹음직할 때 있잖아요
나는 그런 걸 주장하는 중이랍니다
개의치 않거나 의도적이란 얘기지요

훔쳐 와도 괜찮은 것들

겨울 비켜내고 들이민 꽃망울
스윽 훔쳐왔는데
지조 없는 매화가 훈훈한 거실에서
슬그머니 피어났어

이럴 줄 몰랐기에 포기했던 마음도
며칠 더 훔쳐나 볼 걸
때가 따로 있는 게 아니었나 봐

그의 마음도 그냥 스윽 훔쳐와
내거 하자 하면 될 일이었어

탁발

봄에 이르러
통도사 절 마당에
봄보다 먼저 핀 홍매화를 바라본다
막 솟아오른 풀잎의 머리에
눈송이를 쪼아 먹는 청솔모도 보았다
복수초 저물어 갈 시간에
일찍 찾아온 햇살을 머리에 받치고 선 나무들
잔기침을 해대며 낮잠을 자는 시간

퍼드득
산비둘기가 봄을 낚아채간다

너를 떠올리면

필시 움츠릴 수밖에 없던 시간들 지나
닫아온 속내 천천히 내보인 봄 앞에
나의 섣부른 생각을 지우며
가지에 틔운 새싹 위로 너를 함께 쓴다

비켜나서야 깊이를 가늠해 보는 바보가
지난 시간의 너를 그냥 쓴다
헤아리지 못했던 나의 불찰을 반성하며
기다려라 했을 때 이해할 수 없었던
이 찬란한 봄의 복판에다 너를 함께 쓴다

불어오는 훈풍에 사르르 눈감고 그때
나눠가졌을 사랑한 기억 불러 앉힌다

사계절이 끊임없이 출렁거리니까
내가 가만있었겠냐고 변명 한마디
꾹 눌러쓰면서 이봄에 기어코 너를 쓴다

시, 날개 다는 날

아침에 내린 봄비에 시를 적는다
비의 입술에 말을 매달아 또르르 굴리면
그대의 창가에 날아들겠지
빗소리 창문마다 노크하면
시의 문장은 각각의 가슴에 다른 리듬으로 들리고
또 다른 시로 쓰여지곤 하겠지
오늘 봄비로 쓰인 시들이
온종일 누군가에게 전해지 거라 분주하겠지
그대는 내가 지은 시를 찾아 나서야 해
나는 그런 그대의 모습을 바라볼 거야
비에 약간 젖어 당황한 눈 그런 게 좋아
비에 조금 핼쑥해진 모습 그런 게 훨씬 좋거든
온종일 어슴푸레하게 암전 같은 대낮

비가 내리면
막걸리 집 귀퉁이에 시들이 날아다녀
시들이 날개를 달고

나른하게 감싸는 전율

낮에는 햇빛에 반사된 개울물에 얼굴을 바라보고
밤에는 '낯설게하기'의 시집에 몰두하는
봄 하루는 짧아
가령 연애라도 시작하면 바쁠 것 같아
무작정 마음먹은 일들이 뜻대로 안 돼
차라리 편하기도 하겠어
사계절을 많이 경험하고 나서도
봄이면 꼭 싱숭생숭해
꽃이 피어나는 시기를 감히 질투하나
가을에 팔짱 끼고 돌담 걷고 이런 것엔
끄떡도 않으면서 말이지
따스함이나 평화로울 때
나른하게 감싸는 전율이 좋다는 거지

'목련꽃 그늘 아래서 베르테르에 편질 읽노라'
봄이면 젤 먼저 읊조리는 노래지
목련꽃 그늘 아래서 연애하고 싶은가
봄 햇살 같은 미소가 부서져
고른 치아 사이에서 사랑해라고 새어 나오면
봄바람이 후욱 낚아채 멀리 보낼지도 모르지만
멋진 사건인 건 틀림없어

내가 바라본 것들

낙동강 봄바람 한 자락 떼어다
진달래 얼굴에 스치니 온 산 붉었고
영주 사과밭 바싹 마른 봄 햇살
소백산 바람이 촉촉이 녹여
개나리 입술에 닿으니 노랗게 피었다
햇살이 익히고 지나면
바람이 식혀주는 봄 속으로 들어가다가
겨울처럼 대했던 이에게 전화를 한다

오랜만이야
벚꽃 만발한 진해에서 소식이 오면
너랑 가보고 싶은데 시간 좀 내라
나른한 교태를 보낸다

우리가 사랑은 했을까

봄꽃이 제아무리 화사하게 유혹해도
당신을 만나러 올 동안은
못 봤다던 아름다운 시절
살롱거리던 말들은 어디 갔을까
이 꽃 저 꽃 부족해 담 너머까지 기웃거리다
안경까지 쓴 그에게 내가 한 타박이지만
뭐 나라고 쭉 설레고 있었을까
사랑은 서편으로 기울고
영혼은 현실에 부대끼다 지쳐버렸다고
투덜대는 핑계
개수대 물소리와 묻혀 흘러가는 밤

출출하니까 라면이라도 먹어야 잠들 것 같다기에 끓여 주기 싫어서
'안 먹으면 죽느냐'는 소리로
어둠까지 뒷걸음치게 만들었지

사랑의 다른 이름

사랑한다 말한 적 없는 사람과
혁명처럼 동지가 되기로 했어

만 가지 생각은 한 다발 부케로
억누르며 한 발 한 발 다가서던 날

건방지게 오만한 젊음으로
사랑보다 위대한 기록을 쓰고 싶었어

부케를 든 떨리는 손
엄마가 오긴 할까

슬픈 생각 줄이고 다른 생각을 들여
밥 짓는 것 덜하고 글을 쓰기로 했어

겨울 참아내고 환하게 핀 꽃처럼
십 년이나 기다린 날 친정에도 갔어

더디게 오다가 해찰도 부렸다가
삼십 년 동안 한결 같지 않았던 계절이야

현기증 나는 날

사월초파일날
법당 안을 너무 많이 기웃대서
많이 피곤하신지 부처님 주무시는 거에요
도 닦을 시간도 없을 텐디
산사 아래 꽃들을 뭐단지 저렇게 심어놨다요
환장들 합디다
바람이 불적마다 꽃들이 바람난 처녀들 맹키로
과감하게 스님들에게 올라타고 지랄들이여
어찌나 밍구스럽던지
그거 알고 시방 눈감으신 거제
동자승이 오늘도 염불 시간에
헛짓거리 한 거 들킬까봐
조마조마한 불두화가 아까부터
고개를 무단시 숙입디다
한 식구라고 그럴까요
아따 부처님
오늘처럼 만방이 봄으로 난리가 난 날은
거 못본 체 가만 있지 말고
느그들 맘대로 하그라 해부씨요

법당에다 이런 말 하고 가는 나도
미친년인갑소
요샌 성한 사람이 하나도 없당께요

문학 그 에피그램

시

마음 안에 더께 입은 이야기
살살 까불어
후하고 뱉으면 대충 공감한다

내가 쓴 시

소리로 꺼내 놓는 일
너마저 없었다면
깡패가 되었겠지 한다

나도 시인

개나 소나 쓴다기에
흉내 한 번 내 보는데
닳고 닳아진 흔한 말뿐
'낯설게하기'[1]란 참 어려워

---

1) 러시아 형식주의자들이 만든 시의 기법

그리움

봄이 오는가 싶었는데
더욱 찬바람이 분다

어둠이 내리는 그때쯤
정확하게 그리움도 내린다

창 너머 석양은 천천히
그리움도 운반시키나 보다

수화기를 들고 까르르 웃으며 혼잣말
오늘 사진이 참 잘 나왔어

먹구름이 어둠을 불러왔으면
다시 아침은 있겠지 또 혼잣말을 한다

비틀거린 술잔에 타 마신 그리움은
다 마셔 봐도 여전하다

사랑일까 하고

매 순간의 기다림
행여나 하며 여러 번
밑줄 긋는다

그림자가 지워진
저녁이면
네가 못 오겠지 하면서도

담 넘어 기웃거린 마음과
덜컹거린 내 숨소리

너에게 집중된 중력들
내게로 끌어다 놓고
겨우 잠을 청한다

들리나요

자작나무 꼭대기에 걸렸던 고독
슬슬 내려오는 경쾌한 소리요

소양강 안개 서둘러 올라가다 눈짓하면
산장에 잠자던 매화 깨어나는 소리요

허공을 맴돌던 차가운 아쉬움들
정해놓은 자리에 숨어드는 소리요

지난겨울 속 좁게 웅어리진 내 마음
돌돌돌 강물 따라 흘려보내는 소리요

봄으로 피어나는 파릇한 얼굴 마주하며
순수하게 살고 싶다 외치는 소리요

전시회에서

꽃분이
- 박승희 화가의 그림

밝은 노선으로 향하여
그녀의 미소를 흐르게 하여
그림 곳곳을 훔치게 만들었어

수려하게 치장하지 않았기에
담백하게 색칠한 동심이기에
나 꽃분이 되어 따라 웃었어

꿈속의 집에선
- 방연숙 화가의 그림

동이 터 오기 전 기도를 하면
이따금 들리는 교회 종소리로
들꽃이 이슬 털며 기지개 켰어

바람이 낙엽을 떨궈내던 날
옷깃을 잡아끄는 아이와 함께
새들이 안내하는 산책로를 걸었지

종덩굴 보던 날

네 이름이 뭐니 서식지는 어디
줄기부터 살펴봤어
네이버에 상세한 기록이 있었어
관심이었지
신기하잖아
내게도 자주 물어봐
이름이 뭐야요
아 뭐요 그거 가명 아녀요 신기해요
맞아 내 이름 대한민국에 하나일 걸요

그렇게 서로에 대해 알아가는 거겠지

능소화로 환생한 그녀

길상사 연못위에 쓰러진 그녀
데레사[2])가 일으켜 세우다 돌아왔고
수로왕릉 담벼락에 간신히 기대
한숨 삼키던 그녀 보현성[3])이 알려왔네
꽃으로 환생하여도 여전히 아픈
그 사랑에 지치지도 않았을까
처량하게 담 위를 타오르는 신음소리
달의 얼굴까지 젖어들게 하더니
어두움을 틈타 사랑채 문고리
흔들어 놓을 바람을 동원해 보지만
목청으로는 들리지도 않았기에
담장으로 바짝 쳐드는 가여운 마음
바짝바짝 별들마저 타들어 가게 했네
남의 속도 모르고 화음 넣는
풀벌레 소리 차라리 위로의 합창일까
입술 달막거리며 스르르 잠드네

꿈속에선 만나게 해주소서
내 가슴에도
염원 하나 깊게 흐르는 밤이야

---

2) 데레사님 : 사진작가
3) 보현성 : 카친님

양귀비의 당부

나만 바라본 시선에도
부끄러운 적 없어요
온통 정열의 빛 띠었기에
사랑 하나만 하고 싶었어요

날마다 구애하는 몸짓
비웃지는 마세요
사랑 앞에 당당하다는데
내가 잘못한 건 아니잖아요

아무나 만지지는 말아요
내 사랑이 아직 당도하지
않았기에 웃지는 못해요
카메라 잠깐만 치워주실래요

벌과 나비

1. 벌의 사랑법

수레국화 오는 유월의 길목
애타게 기다렸었나
사랑한다며 무작정 파고 든다

아 사랑은 무작정 그래야 했어

2. 나비의 뺄쭘한 변명

이뻐서 온 건디요
별다른 생각 없었다가
얼른 떠나지 못해 머뭅니다

사랑이 다 그런 거 아닌가요

나팔꽃은 들었을까

한 손에 치킨 한 손에 맥주
두 발 동동 구르며 쫄깃하던
그 밤의 월드컵 열기를 말이야
골문까지 차고가 골대 맞고 튕기면
아이씨 욕 소리에 깜짝 놀라 그 입이 커졌다며
아침이면 다 아는 듯
자꾸 새초롬한 저 표정 좀 보게
햇살이 지나가야 입을 다물거니

금계국을 찬양하다

구름 사이로 자유로운 새의 날갯짓에
내 어깨 중심 어디에 숨은 날개는 없나
더듬어 보았네요
햇살을 받쳐 놓고 화르르 일어선 금계국
빤들한 손짓 손짓에 복판으로 가
나도 둥글게 춤추기 시작했어요
한 가지만 몰두하고
허공으로 웃음들 흘려 올리고
삶 같은 어려운 생각 그런 거 하지 않고
바람의 방향으로 따라갔지요
잊고 살아온 순수한 기억 되살리려
파닥이던 어깻짓에 숨은 날개가 나오려는지
기분 좋은 통증 하나 안고
집으로 돌아갑니다

대담한 월담

– 장미

사월의 눈치를 보긴 했을까
목련이 가고 나면
스윽 오니까
비교할 틈은 안주더라구

화려한 이들에겐
경쟁 같은 거 붙이지 말어
아주 싫어해
언제나 독보적이여

저들에게도 사연은 있겠지
묻지 말기로 해
아픈 일 있을까
모른 체 할래

능소화를 왜곡하며

처음 만나 옷고름을 풀었던
그 환장할 기억 하나 선명하여
대담하게 담 위로 오른 것이지
그윽하게 바라보며 사랑한다던 님이시여
그럴 수 있느냐며 찾아와 항의하는 것이겠지
그날 밤이 진심이었다면
왜 한 번도 찾아오지 않느냐며
그녀의 한이 담을 넘는 것이겠지
남에 속도 모르고 가엽단 말
단정 짓지 말라며 눈물
뚝뚝 흘리다 돌아간다는 전설이지

에피그램

1. 사랑은 움직이는 것

양귀비 복판에 있던 나비다
어느새 코스모스에게 수작질 시작되었구먼
열정이 지나친 양귀비에게
턱 없이 부족하단 생각 한 걸까
쉿 핑계 대지 마

2. 몸짓의 발견

가장 활짝 반긴 몸짓은
분명 어필한 몸짓이라며
이끌리듯 흐르는 몸짓되어
둘은 달콤한 몸짓을 이룬다

3. 쉬운 사랑의 말

바람결에 내 심장의 덜컹거림
설마 아직 너 올 날 아닌데
내 눈앞에 너를 마주하며
나 지금부터 너만 사랑할래

나비를 기다린 양귀비

초여름이 오면 사랑을 숭배하는
몸에 밴 관습으로 옷매무새 만져놓고
당신 오시는 발걸음에 귀 열어둡니다
바람의 세기에 당신 발소리 듣지 못할까
이리저리 찌푸리며 흔들리는 몸부림
멀리서 보다가 가셨을까 의심도 합니다
그림자 늘어진 오후 측은하게 내려다본
해님을 피해 민망해진 옷깃을 접을까
이 사랑도 접을까 생각이 깊어집니다

다시 아침이 오면
오늘은 당신이 꼭 올 것만 같아
한 겹 더 치장을 하며 더 멀리 보이도록
더욱 짙은 열정으로 서있습니다
바람이 소식 전해 파닥거리는 급한 날갯짓
당신의 빠른 숨소리가 내 심장에 닿는 듯
당도하기도 전 아찔해 시들지도 모릅니다
당신을 사랑하다 타들어가는 내 마음 안타까워
서쪽으로 향하던 노을도 눈시울 붉어집니다

이팝나무

먹으면 안 된다 하길래
다시는 먹을 일 없어 좋은 오늘
배고픈 기억하나 가루로 날려보네
햇살이 공중 돌아 반짝거리면
바람 타고 내 몸 들추는 장난
무단시 코끝이 아리네
사랑 알레르기겠지

4부

개개비의 그리움

오늘 또 바다에 나왔어요

겨울을 바닷물에 빠뜨린 파도가
시치미를 떼는 곳에 눈길을 주었지요
해변은 북새통이던 여름을 꿀꺽 삼키고
배가 부른지 꿈쩍하지 않았어요
살벌한 바람은 내 혈관을 타고
마구 할퀴는 통에 조금 귀찮아졌어요
기억을 더듬거리고 추억을 들이마시고
그런 짓 할 만큼 여유롭지 않았어요
갈매기는 지난번 넋 놓다가 돌아간 나를 기억하는지
끼룩끼룩 하대요
왜 또 왔냐 묻는 것 같았어요
언 바다에 살갗을 깨부수느라
햇살이 엉금엉금 나오는 시각에
다시 돌아왔어요

바다는 내가 가끔 와서 숨 쉬고 기대게
여유를 제공해줘요

꽃들의 안부

이팝나무 소복 입은 형상으로
창문을 두드리자 형광등 깜빡 놀란 밤
달이 허공에서 비틀거렸어
수레국화 흰 눈빛의 흔들림부터
작약의 이부자리까지
달이 꽃의 거주지 속속 찾아내 안부를 물을 쯤
새벽을 일으킨 먼동에게
젖은 눈물 보여주기 싫은 은방울꽃 몸을 털고
덩달아 무늬 병꽃나무 체조를 시작하지

꽃의 기도

나의 향기에 나비가 날고
사랑이 이루어지도록 하소서

햇빛으로 더욱 짙어지게 하시고
바람으로 나의 향을 전하소서

작고 여린 가지가 부러지지 않도록
비바람은 살살 일어나게 하소서

나를 보면 슬그머니 마음이 풀어지고
예쁜 생각들을 많이 품게 하소서

해와 달

하늘이 뜨거워진 해를 다독이느라
잠시 바다 속으로 보내면
바다는 넓은 도량으로 기꺼이 안아들이지
하루 이야기 묻지 않은 채
해를 고요히 재운 바다를 보고
안심이 된 하늘은 달을 슬며시 꺼내 놓겠지
밤과 낮의 교차는
하늘이 당부하면 바다가 들어주고
선하게 돌아가며 순리를 따라야
가능한 일이었겠지

비 오는 연밭에서

중심을 향해 빗방울 뛰어들 때
연잎은 처연히 받아낸 척
지탱할 무게만큼만 이고 있는 척 한다
예민한 감촉으로 서로를 가늠하고
적당한 무게만큼 내려앉고
물러나는 위치 같아 유심히 바라본다
연잎을 들고 있는 저수지와
하늘을 우러르는 꽃잎의 어울림
투투투 바닥으로 신호를 준다
연꽃의 이름을 가진 천사는
빗물과 통정을 시작했고
사심 없는 연못은 진정 기뻐했을까

물밑 발 아래 닿는 그곳에서
시퍼렇게 원을 그린다
동그랗게

두물머리 풍경

안개의 침묵과 겨울을 거둬내고
수채화로 봄의 실루엣을 그리는
두물머리와 마주했다

강 건너에는 그리움을 그리고
하늘에는 새떼의 꿈을 그리고
내 마음엔 사랑을 색칠해본다

출구를 놓치면 기회마저 달아날까
용기 있게 봄 길 더듬어 나섰더니
두물머리 강물소리에 사랑이 흐른다

개개비의 그리움

비 오는 주남저수지에 서러운 목소리
노래를 부르는 건지
흠뻑 젖은 온몸 이따금씩 떨더라
올여름 이곳에 오면 그가 오겠지
그땐 알아볼 거라 생각했나봐
좌우로 고개 떨면서 애타 하더라
연잎 위로 또르르 빗방울도 염려해
어긋나면 어쩌지 미리 두려워하는가
발을 헛디뎌 자꾸만 아래로 떨어지더라

비 내리는 서울숲

서울의 허파에서는
감정의 근원을 따지지 않고
환히 피워야 한다고 결심했을까
온몸으로 맞는 빗줄기
호젓함에 숨어든 소극적 미소가
사랑 같은 거 아니어도 두근거린다
줄기에 잠긴 그리움이
다 타오르고 피워내면 아쉬울까
비에 기다림 털어내느라
파르르하다

바다에게 말을 걸다

몇 달 또다시 가슴에 북풍이 불고
진정되지 않아 들끓었고
투명하다 생각한 관계들이 안긴 분노는
가슴이 시리다

해가 기울면 그때 풀어 오열할까
달이 차오르고 그때 토해 놓을까
바다만 애꿎게 오염될까 다시 삼킨다
철썩 응답하는 파도에게 말을 건네본다

나 아직도 사람 사이를 더 오래 겪어내야
담담해 지겠니
파도야 나 지금 아프다

가뭄의 꽃

내게 들려주는 얘기 한 음절
그들의 입에 귀를 댄다
비가 오다 만 하늘이 원망스러워
하소연하는 것 같다
분명 그랬다
내 생각만 하느라
그들의 목마름을 생각이나 해봤나
시 짓던 찬양 멈추고 어두운 낯빛에 이마를 짚으며
마른 위로라도 건네고 싶었다
꽃에 매달린 내 추억들을 기억하고 반가워하며 보냈던
행복한 일기 속 그들의 속마음도 쓰여
석양을 향해 다가온 저녁에 기도를 한다
내일은 저들의 고운 아우성에 안개라도 만들어
단 몇 방울의 물기라도 적시게 하든가
비가 내리면 좋겠다고
공손히 두 손을 모은다

나팔꽃의 이유

하품하다 해에게 걸린 줄 알았는데
무언가 소문내려다 찔린 건 아닐까
딱 놀랐는지 입을 다물지 못했대
몸통에서 푸르게 오른 돌기들
해가 자리를 피해 날이 저물자
스스로 벌을 끝내고 다물어졌어
나도 하면 안 되는 말하고
온종일 가시방석에 앉은 날 있었지
양심의 가책이 더 중요하다는 거지

봄의 배려

바람의 날로 겨울 베어 감추고
움츠러드는 햇살이 크기를 늘리자
스르르 녹아드는 물길 아래 깡통 하나
짓눌린 시간 벗어나 통통 흘러갔다
졸린 눈 몸속에 감춘 물오리 한 마리
성급히 나와 두리번거리다
햇빛 알갱이들이 삼삼오오 모여들고
물오리 등 뒤로
외롭지 않게 바짝 비춰준다

빗장을 풀다

홍매화 얼굴이 저절로 붉어지고
저마다 요란한 희망의 소리 당신
오는 길 작전이 누출되었나 봐요
며칠 전
경칩과 우수가 번갈아 기별을 왔건만
아는 체도 안 했는데
허공에 뿌려진 목련향으로 알아챘어요
매번 올 것 같은 달달한 기운으로
바람 불다 눈 오다 약 올리던 당신
창문을 닫고 막 토라지던 참이었어요
언 대지여 모두 깨어나라
온도를 높여 굳게 닫힌 세상에 따스함을 퍼뜨리며
당신은 평화로운 모습으로 오시는군요
그런 당신을 애타게 기다렸던 마음
빗장을 풀어 이제 환하게 웃어도 될까요

반복되는 봄

푸르거나 수줍음으로 시작하면
봄이 오는 신호처럼 설렘이다
우리가 맨 처음 이성을 알아보고
얼굴 붉어진 날 만큼이나
꿈틀거리다 잎이 나고
흔들거리다 꽃이 피고
점점 부풀어 터질 듯한 가슴 되어
사랑처럼 일어섰던 것이다

제대로 노트를 펼 수 없던
짝사랑하던 교생 선생님 만나기 전
수업시간의 떨림에도 봄이 왔다
교정을 흔들어대던 꽃들의 유혹
칠판을 지우던 하얀 셔츠 깃
소매에서 일던 먼지에도 멀미가 있었던 봄
꽃의 지독한 향기에 봄의 줄기를 건너느라
안간힘을 쏟는 중에 때를 맞춰
선생님은 먼 거리로 발령 났고
운동장을 나가던 뒷모습으로 벚꽃이 시들었다

일찍 조숙한 여학생 얼굴 위로 꽃물이 얼룩져
그 지독한 아픔은 여러 번의 봄으로 반복되었다

목격담

뮤즈처럼 여신처럼
그녀들의 수식어가 이름보다 많이 불려지는 날
난 쓸쓸했지
나와 그저 다를 바 없었다 생각하는데
특별하기로 주목받으니 질투가 났어
속된 감정에 격차를 두고 극찬을 받던
그녀들이 떠난다는 거리로 가 봤어
질투는 어느새 허무함으로 바뀌고
피어오르다 지는 순간은
고독한 일이었어
더 이상 화려하지 않아서
동정이 먼저 슬픔을 드러내는 형상을 보였거든
바람들이 우르르 몰려다닌 그곳으로
휘둘리며 한 생의 봄날이 가는 걸
이 두 눈으로 똑똑히 목격해야 했어

창경궁의 봄

봄이다
창경궁에 꽃들 피었고
밤에도 개장할 테니 실컷 놀아라
전각이 있던 자리
어사화로 피어나신 세종대왕
일제히 저의를 살피느라 노랗다
슬픈 역사 안고 피어난 찬란한 봄
창경궁 벚꽃 몸살에 휩쓸렸던 마음
의식의 한 면 분연하게 떠올려주자
어사화, 그제서야 눈을 맞춰주신다4)

---

4) 사족을 달자면, 역사의식이 유독 강한 나로서 세종이 지으신 건물을 일제가 허물어 원숭이 호랑이 들여놓고 창경원으로 개장해 밤에도 우리들 유흥에 흥청망청 하라고 꽃들 동물들 야간개장을 했단 얘기에 이를 빗대어 쓴다.

벚꽃 그 길에서

구름은 맘껏 흐르기에 싫증나면
비를 만들어 예의 없이 보내기도 해
어제의 벚꽃들은 젖은 물기
가득 머금어 마지막을 훨훨 태웠지
인사를 하지 않고 떠나버린 일은
미련으로 남아 힘들어진다는 것
너는 알고 있었어
비 오는 날에도
내가 다녀갈 때까지 기다려주었지
떨리는 가지 끝에서
하얗게 하얗게 작별인사 하는 꽃잎에
나의 미소를 담았어

네가 돌아가면
서둘러 아카시아 피어나고
너를 그새 잊을지 몰라
한 잎 가슴에 묻었지

가을의 다짐

시인들이 눈에 보이는 건 죄다 써 버릴 태세여서
이제 가을은 남은 잔뿌리 몇 조각만 남았다
시인들이 너무 많아
넘치게 뜯어다 뿌려서 가을이 지칠 지경이고
고운 빛깔로 예쁜 글씨체로 색감을 입히다
눈물점도 찍자
가을이 작별 인사를 다양하게 겪어냈지

곧바로 겨울을 쓰려고 하기 전
바람 속을 파헤쳐서 거둬들인 뿌리에
관절이 상한 멍자국도 바라보고
설익은 가을 데코를 퇴고도 없이
선불리 올리게 될까 봐
겨울엔 도서관에 앉아서 사전 찾고
꽃이름이라도 명확히 써 봐야지

선배 시인님들 책을 펼쳐 놓고
올바르게 쓰이고 있었나 점검도 해야지

가을 그 에피그램

1. 그리움

나를 스치는 불안한 바람
끝자락에 위태롭게 걸린 그리움
풀벌레가 대신 울어주어
사투한 시간만큼 가을이겠지

2. 추수

여문 씨앗 소중히 품어 껴안고 지켜내다
점점 부풀어 커지면
미련 없이 떨어져 나올 때
가을은 저만큼 달아난다

3. 행여나

저 멀리서 네가 부르는 듯
갈대의 손짓에도 흔들려
달려가다 넘어진 자리
고개 들면 마중 와있을까
기대한 표정으로 일어선다

겨울 유감

깊은 산골짝에선 가을이 남긴
붉은 정령들의 비명소리 들려오고

해안선 따라 혼자 울부짖는 파도
창백한 횟집 입간판이 동시에 쓸쓸하다

가을 들썩이던 산책로에 들풀
서리 맞아 아픈지 얼굴을 묻었다

대낮에 만난 사람들 칭칭 동여맨
복면 가면 사나운 인심뿐이고

잔뜩 움츠린 어깨 마음 둘 곳 없어
봄까지 이렇게 참아내야 하겠지

골목길 보초서는 바람의 위협에
오늘도 하얀 감옥의 포로가 되었다

겨울의 틀을 부수며

물에 닿지 않게
돌 위로 뒤뚱거린 몸
중심 잡는 봄의 무게는 아직 차다
설렘으로 다가서며
나른하게 앉은 마음
벌써 누굴 기다리나
돌 틈으로 고개 내민
피라미가 첨벙거린다
연정의 물줄기 휘저으며
힘차게 봄이 오면
구애라도 할 심산인가
허공까지 차오른 숨소리

겨우내 참아온
만만찮은 호흡들이다

부록
댓글 릴레이

부록
댓글 릴레이

꽃보다 그녀입니다 시인님
그 고움에 눈머는 저녁
가만히 읊어보는 시 한 편
따스한 온도이기를 바라봅니다^^

- 소롯길 시인 권금주 님

詩에 대한
生에 대한
진지함으로
결코 가볍지만은 않았던 sns 공간이었습니다

쉽게 웃으며 갈 수 없던 길,
詩와 生이라는
두 글자는 항상 묵직하게
나를 지배해왔습니다.

그곳에서 여러 친구님들을 만났습니다
때로는 저의 어설픔으로 손을 놓기도
때로는 덜한 관심으로 손이 놓여지기도

내가 살아내는 생의 시간들은
계속적인 연의 반복들
'생사화복'의 끊임없는 반복의 시간들이었습니다

그 얼룩짐들 속에
詩는 글은
하나의 소망의 환희로 머물러주었습니다

참 깐깐한 시인님을 만났습니다
저의 그런 생의 방향만큼
곽구비 시인 또한 만만치 않은
시의 방향을 제대로
추구해가고 있습니다.

- 오후4시 채널, 우현자 시인님

글에도 맛이 있다.

꽃 피는 춘삼월, 몽글거리는 듯한 느낌의 상큼한 감성적인 맛과

한 여름 날 시원한 나무 그늘에서 맛보는 시원한 소다수 같은 서정적인 맛이 있고

갈색 추억 짙은 가을 한 잎 낙엽 떨어짐에도 눈물을 흘릴 수 있는 낭만적인 맛이 있고

눈 위에 머무는 하얀 바람처럼 겨울은 독한 꼬냑처럼 정적을 즐기는 고독한 맛도 있다.

시인 곽구비!

그녀는 낭만을 노래하는 천부적인 시인이다.

그녀의 작품에선 굵직한 느낌의 무게를 느끼듯 시원시원한 시향에서 그녀의 진면목을 볼 수가 있다.

- 김단 시인님

누군가를 기다리는 설렘이란 것이
아마도 그런 기분일 것이다.
만날 날이 그냥 기다려지는 것
그건 아마도
사람을 좋아하는 마음에서 시작되는 것 아닌가 싶다.

짧은 인연이지만 마음이 읽혀지는 사람이 있다.
85% 겸손의 시에 나의 감성 15%를 보태어
시와 눈마주침을 한다.

누군가의 시를 나의 감성으로 읽어내는 것
그건 행복을 나에게 선물하는 것이다.

시인님 출판을 진심으로 축하드리고
사인을 넣어 선물하고 싶다는 부탁에 선물 받을
지인들의 이름을 일일이 써서 정성껏 사인해주신
손길에 거듭 감사를 드린다

- 김라윤 시인님

카스에선 근친이어야 한다고
가족이라서 남녀 구분 짓지 말자고
맘 터놓고 얘기하고 시인은 시에
대한 얘기로 댓글 달라며

댓글 없어도 오랜 친분은 믿고 간다
이해된다지만 먼저 신청하고
일체 안 오는 짓은 말라고
말씀만큼 화통 화끈하신 분
곽구비 시인님

- 심승혁 시인님

지나치게 꾸미고 묘사하면
금방 지치죠
언어유희, ~ 재밌어요
말로서 말을 표현하며
같이 놀고 있어요 늘 기다리며
읽게 되는 시 어쩜 내가 하고 싶은
말인데 하고 탁 치게 만드는
친근한 시가 기쁘게 합니다

- 참 멋스런 나의 소중한 카친 1호 백미숙 님

아이구야
구비 시인님의 90번째
독자가 되는 거군요 ㅎㅎㅎ
진짜 소중한 문을 열고 들어왔습니다

이렇게 멋진 분을 늦게 알아
죄송하구요~^^
구비 시인님 봄나들이 샬랄라
원피스를 보니, 어제 본 벚꽃마냥
설레는 가슴입니다~~~
환영 감사드려요
팔 벌린 품에 쏘옥 안겼다 갑니다~^^❤

- 해무 이선정 시인님

눈으로 들어간 햇빛을 꺼낸다고
핑계를 대며 우걱우걱 울어버린
명치끝으로 몰린 그리움…

그 흐름을 타면서
자연스레 흘러가는 것 같지만
가끔씩 삐걱대는 그것, 그리움의 결정체…
순간순간의 그 추억을 마구마구
토해내는~~~ 그리움 그리움…

그래도… 그런 그리움이 반갑습니다~~
들춰내주셔 행복해요

백장미와 보라색프리지아 한 송이 놓아드려요

- 매번 정성스럽게 긴 댓글로 표현하신 안나 시인님

언젠가 구비샘의 닉넴을
시샘으로 했으면 좋겠다 했죠?
맑고 정갈한 시가 퐁퐁 솟는~~
부럽고 경탄 스러워요~

요즘 사정상 카스를 로그아웃 했다가 가끔씩 로긴하여 이렇게 찾아뵙습니다.

윗글에서 언급하신 사안들도 어쩜 이리도 공감이 갈까요? 늘 솔직하고 예리하신 멋진 구비샘~감사드려요~♥

- 소녀스러운 오덕례 선생님

이 찬란한 봄의 복판에다
너를 함께 쓴다
멋진 구비시인님 글 속에
공감을 덧대어 몇 번을
거닐다 갑니다

따스한 봄처럼 마음에 와 닿는 글 감사합니다♥

- 상큼 발랄 귀여운 임윤주 시인님

구비님 글은
구비님에게서 느끼는 외모만큼이나
자유분방 사방으로 튀네요
읽으면 교보문고에 들린 것처럼
설램으로 다가오네요

시심과 사유가 깊으신
시인님을 뵙게 되어서
너무 기쁩니다
시간 날 때 마다 들어와서
읽어 보겠습니다

- 쑥부쟁이 한명희 시인

낯선 문장이라는 멋진 시처럼
요즘 저를 멋지게 놀래키시네요

조만간 서점으로 달려가려합니다
1집 때 서점에 갔지만
구입 못 해서 안타까웠습니다

이번엔 늦지 않게
품에 안아봐야겠습니다

고맙습니다 낭만 시인님~

- 화가 박승희 님

삶
누구를 만나느냐가 중요
구비 시인님 만난일 기뻐요

꿀벌을 따라 갈 것인가

파리를 따라 갈 것인가

오월은 장미가 갑이다

슈퍼 을이 되고파 발버둥친 적도
있었지만
장미에겐 졌습니다
그래 장미 너 갑이다
이쁘다
첫 그 설렘
아 어쩌면 좋아
넘 멋진 시
구비님께 퐁당 빠지겠어요

- 늘 생기발랄 파랑새 님

'푸른 들판은 아버지다'
이 시 참 좋아요
그때의 상황이 영상처럼 그려져요
새벽에 논물 대러 나가시는 아버지

울 아버지도 새벽에 나가셨지요

- 한마음 님

제 맘과 하나 다를 바 없이
꼭 집어
어찌 이리도 잘 설명하셨는지

참으로
멋진 칼럼을 본 듯한
구비 시인님의 문체에 빠져들었어요

사랑할 수밖에 없는
멋진 시선집인
그 이름 영원하길요

- 유재구 시인님

역시.
구비 시인님이시네요
딱부러진 한 말씀 공감합니다
글도 사람을 닮아가나 봐요
늘 느끼고 있었던 점
저는 글은 잘 모르지만 공감합니다

- 사진작가 은사시나무님

그때그때의 즉석메뉴
시도.
생활도.
자유스런 책임을 사랑하는 멋진 시인 낭만논객구비 그녀의 자유가 좋다는~~~♡

광활한 우주에 유독 빛나는 그녀의 햇살 같은
언어유희가 신비스런 사막의 바람 같아…

고독도 사랑이리라
고독해서 사랑을 하는 그녀도
사랑 따라 가리라.

- 여정 님

고소한 냄새가 솔솔 풍기는 시
숨기지 말고 올려주셔요
전 너무 좋아합니다.
선생님의 글 읽을 수 있어서
행복합니다.

- 박재원 시인님

나른해서 햇볕 속에 스며들었어
아니 햇볕이 나를 흡수 해버렸던 거야
나를 빼고 싶어서
이리 저리 발버둥거렸어
이 꽃 저 꽃에 킁킁거리며
방황 했더랬지
근데 그 봄이
그 망할 놈의 봄이 또 내 곁으로 온 거야

쌤 멋진 모습에 홀딱 빠졌다
겨우 빠져 나왔음요

- 고운 김정자 시인님

이 도서의 국립중앙도서관 출판예정도서목록(CIP)은 서지정보유통지원시스템 홈페이지(http://seoji.nl.go.kr)와 국가자료공동목록시스템(http://www.nl.go.kr/kolisnet)에서 이용하실 수 있습니다.

(CIP제어번호 : CIP2018024166)

곽구비 3시집

가시 박힌 날

초판인쇄일 2018년 8월 08일
초판발행일 2018년 8월 13일

지은이 : 곽구비
펴낸곳 : 도서출판 문학공원
펴낸이 : 김순진
편집장 : 전하라
디자인 : 김초롱
등 록 : 2004년 3월 9일 제6-706호
주 소 : (우편번호 03382)서울 은평구 통일로 633
녹번오피스텔 501호 스토리문학사
전 화 : 02-2234-1666
팩 스 : 02-2236-1666
홈페이지 : http://cafe.daum.net/yob51
이메일 : 4615562@hanmail.net

© 2018
* 책값은 뒤표지에 있습니다.
* 저자와의 협의에 의해, 인지는 생략합니다.